ZAÏS,

BALLET-HÉROÏQUE,

REPRÉSENTÉ,

POUR LA PREMIERE FOIS,

PAR L'ACADÉMIE-ROYALE

DE MUSIQUE,

Le Jeudi 29 Février 1748.

Et remis au Théâtre le Mardi 19. *Mai* 1761.

PRIX XXX. SOLS.

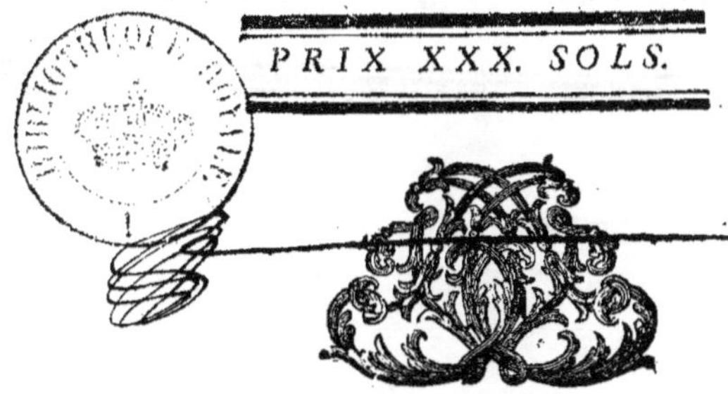

AUX DÉPENS DE L'ACADÉMIE.

A PARIS, Chés DE LORMEL, Imprimeur de ladite Académie, rue du Foin, à l'Image Sainte Genevieve.

On trouvera des Livres de Paroles à la Salle de l'Opera.

M. DCC. LXI.

AVEC APPROBATION ET PRIVILEGE DU ROI.

Les Paroles de feu Monsieur DE CAHUSAC.

La Musique de Monsieur RAMEAU.

ACTEURS CHANTANTS
DANS LES CHŒURS.

CÔTE' DU ROI.

Meſdemoiſelles.	*Meſſieurs.*
Letourneur.	Le Page.
La croix.	Durand.
Durand.	Delvaux.
Fontenet.	Scelle.
Delor.	Roſe.
Roublot.	Robin.
St Aubin,	Antheaume.
Héry.	Parant.
	Contour.

CÔTE' DE LA REINE

Meſdemoiſelles.	*Meſſieurs.*
D'alliere.	S. Martin.
	Albert.
Maſſont.	Jaubert.
	L'Écuyer.
Salaville.	Tourcaty.
	Chappotin.
Lachantrie.	Favier.
	Feret.
L'étienne.	Du Perrier.
	Boy.
Villenfin.	Laurent.

ACTEURS.

ZAÏS, *Génie de l'air.*	Mr. Pillot.
CINDOR, *Silphe, Confident de Zaïs.*	Mr. Larrivée.
ZÉLIDIE,	Mlle. Lemiere.
LA GRANDE PRÊTRESSE DE L'AMOUR.	Mlle. Rozet.
L'AMOUR,	Mlle. Fontenet.
UNE SILPHIDE,	Mlle. Rozet.
UN SILPHE,	Mr. Joly.
OROMASÈS, *Roi des Génies.*	Mr. Jaubert.

SILPHES ET SILPHIDES, *de la cour de Zaïs.*

BERGERS ET BERGERES.

PRÊTRESSES DE L'AMOUR.

PEUPLES.

PERSONNAGES DANSANS.

ACTE PREMIER.

BERGERS & BERGERES.

Mr. LAVAL, Melle. CARVILLE.

Mr. GROSSET,

Mrs. Béate, Gougi, Rogier, c., Simonet, Hamoche, c., Bianqui.

Melles. Demiré, Ray, Lacour, Tételingre, Bocard, l., Bocard, c.

ACTE DEUXIEME.

GROUPES ANIMÉS.

1er. *Groupe.*	ALCINDOR,	Mr. Gardel.
L'ORACLE.	LUCINDE,	Mlle Dumonceau.
2d. *Groupe.*	OLINDE,	Mr. Grosset.
ZENÉIDE.	ZÉNÉIDE,	Mlle. Chefdeville.
3eme. *Groupe.*	ZÉLINDOR,	M. Leger.
ZÉLINDOR.	ZIRPHÉ,	Mlle. Rey.

COUR DE ZAÏS.

M. VESTRIS.

Mrs. Hamoche, l., Trupty, Valentin, Rogier, l., Mercier, Compioni.

Mlles. Saron, Ledoux, Buard, Agoussi, Sr. Martin, Laforêt.

ACTE TROISIEME.

SILPHES & SILPHIDES.

Mr. LYONNOIS, Mlle. LYONNOIS.

Mrs. BÉATE, GROSSET.

Melles. DUMONCEAU, CHEFDEVILLE.

Mrs. Trupty, Hamoche, l., Valentin, Rogier, l., Mercier, Dubois.

Mlles. Siane, Saron, Deferriere, Buard, Agouſſi, St. Martin.

ACTE QUATRIEME.

BERGERS & BERGERES.

Mlle. LANY.

Mrs. Béate, Gougi, Rogier, c., Sionet, Hamoche, c., Bianqui.

Mlles. Demiré, Ray, Lacour, Tételingre, Buard, Ledoux.

PASTRES & PASTOURELLES.

Mr. LANY. Mlle. LYONNOIS.

Mrs. GROSSET, CEZERON.

Mlles. BOCARD, l., BOCARD, c.

ZAÏS,

BALLET-HÉROÏQUE.

ACTE PREMIER.

Le Théâtre représente le temple de l'Amour : on voit dans le fond la statue du Dieu.

SCENE PREMIERE.

ZAÏS, *en Berger*, CINDOR.

CINDOR.

GÉNIE, égal aux Dieux,
Zaïs, aimés comme eux.
Ne prenés de l'Amour que ce qu'il a d'aimable :
Épargnés-vous d'inutiles soûpirs.

Sans les fixer jamais, amusés vos desirs.
S'il est une chaîne agréable,
Ce n'est que celle des plaisirs.

ZAÏS.

Connois mieux les douceurs d'un amour véritable.

Tout se change en plaisirs près de l'objet aimé.
Sa langueur intéresse; il ravit, s'il soûpire:
D'une aimable gaîté paroît-il animé,
C'est l'Amour qu'on croit voir soûrire.
A ses accents, l'air qu'on respire
Semble, sans-cèsse, parfumé
Par les tendres soûpirs de Flore & de Zéphire.

Tout se change en plaisirs près de l'objet aimé.

CINDOR.

Les charmes d'une amour nouvelle
Sur vos malheurs pâssés ferment toûjours vos yeux.

Zaïs, pour pouvoir être heureux,
Vous éxigés trop d'une belle;
Vous voulés remplir tous ses vœux,
Et qu'elle soit toûjours fidele:
Un tel effort est-il d'une mortelle?

Zaïs, pour pouvoir être heureux,
Vous éxigés trop d'une belle.

ZAÏS.

ZAÏS.

L'Amour, par ce déguiſement,
A déja commencé le bonheur de ma vie.
J'adore une bergere, & ſon âme attendrie....

CINDOR.

Une bergere auſſi peut trahir ſon amant.

ZAÏS.

Sa candeur me promet le bonheur que j'eſpere.
Non, ce n'eſt que dans les hameaux
Qu'on peut trouver un cœur ſincere.
Dans ces aſiles du repos
L'ambitïon eſt étrangere :
Jamais une flâme legere
N'y fait voler les cœurs dans des lïens nouveaux.
Non, ce n'eſt que dans les hameaux
Qu'on peut trouver un cœur ſincere.
Je la vois.... fuis, Cindor; ta préſence en ces lieux
De mon déguiſement trahiroit le miſtere.

CINDOR.

Il ſuffit. Je ne ſuis viſible qu'à vos yeux.

(Cindor diſparoît.)

SCENE II.

ZAÏS, ZÉLIDIE.

ZAÏS.

AImable Zélidie, un ſolemnel oracle
Rend chere à nos bergers la fête de ce jour.
Ne venés vous au temple de l'Amour,
Que pour voir ce charmant ſpectacle?

ZÉLIDIE.

Zaïs, je ne cherchois que vous.
Pour moi votre tendreſſe eſt l'oracle ſuprême:
Et le ſpectacle le plus doux
Eſt de voir l'objet que l'on aime.

ZAÏS.

Le bonheur m'arrête en ces lieux:
Il ſe refuſoit à mes vœux;
Sans vous il me fuïroit encore.
A mon âme vos tendres feux
Ont été, ce que ſont aux Cieux
Les premiers rayons de l'Aurore.

ZÉLIDIE.

Que mon cœur eſt touché de cet heureux retour!
Hélas! avant de vous connoître,
Mes regards languiſſants erroient dans ce ſéjour.
Je vous vis, & je crus renaître;
La terre s'embellit des feux de votre amour.

Ce que je vois m'offre, ſans-cèſſe,
Des beautés, dont le charme augmente mon bonheur.
Des oiſeaux la tendre allegreſſe,
Un ruiſſeau qui murmure, une naîſſante fleur,
Tout flate & nourrit ma tendreſſe,
Se pare de vos traits, & vous peint à mon cœur.

ZAÏS.

Que notre ardeur ſoit éternelle,
Et qu'elle augmente chaque jour.

ZAÏS & ZÉLIDIE.

On ne forma jamais une chaîne ſi belle;
Je ne vis que par mon amour.

(On entend, dans l'éloignement, le prélude d'une fête.)

ZAÏS.

Nos bergers, dans ce temple, en foule vont ſe rendre.
Pour célébrer l'Amour, joignons-nous avec eux.

ZÉLIDIE.

Ce Dieu n'en verra point dont le cœur ſoit plus tendre,
Ni qu'il ait rendu plus heureux.

SCENE III.

ZAÏS, ZÉLIDIE, BERGERS, BERGERES.

CHŒUR.

ACcourons tous, que tout s'emprèsse
D'adorer le Dieu des amants.

ZAÏS & ZÉLIDIE, avec le CHŒUR.

Qu'il nous enchaîne, qu'il nous blesse;
Qu'il rende heureux tous nos moments.

On danse.

SCENE IV.

LA GRANDE-PRÊTRESSE DE L'AMOUR, PRÊTRESSES, & les ACTEURS PRÉCÉDENTS.

LA GRANDE-PRÊTRESSE.

UNissés vos chants & vos vœux;
L'Amour se plaît à les entendre.
C'est sur vous qu'il aime à répandre
Ses bienfaits les plus précieux

LES CHŒURS reprennent avec LA PRÊTRESSE.

Uniſſons nos chants *&c.*
Uniſſés vos chants, *&c.*

LA GRANDE-PRÊTRESSE, ſeule.

Tendres bergers, offrés-lui vos préſents;
Portés à ſes autels vos deſirs innocents.

(La GRANDE-PRÊTRESSE, ſuivie de ZAÏS & de ZÉLIDIE, couronne la ſtatue du Dieu de guirlandes de fleurs.)

LA GRANDE-PRÊTRESSE.

Dieu, ſouverain des Dieux que l'Univers encenſe,
La fortune offre à ta puiſſance,
Les plus riches préſents, pour ravir tes faveurs.
De ces bergers la tranquille innocence
Ne porte à tes autels qu'un cœur tendre, & des fleurs.

On danſe.

ZÉLIDIE.

Tous les biens qu'offre la fortune
N'ont qu'une douceur importune:
L'amour ſeul peut les rendre chers.
Une fleur nouvelle

Que nous donne un amant fidele
Vaut tous les biens de l'Univers.
(*Les Bergers continuent leurs danſes.*)

LA GRANDE-PRÊTRESSE.

Jouïſſons des bienfaits que l'Amour nous diſpenſe.
(*On entend une ſimphonie voluptueuſe.*)
Ces ſons harmonïeux m'annoncent ſa préſence...

ZAÏS, ZÉLIDIE, LA GRANDE-PRÊTRESSE, alternativement avec LE CHŒUR.

Deſcends des cieux,
Dieu de nos âmes :
Vole, regne ſur nous ; viens embellir ces lieux.
Partout où brillent tes flâmes,
On trouve le ſéjour des Dieux.

SCENE V.

L'AMOUR, *ſur des nuages legers, ornés de guirlandes de fleurs.*

& LES ACTEURS PRÉCÉDENTS.

L'AMOUR.

MA préſence prépare à l'empire amoureux
Un éxemple touchant, & d'illuſtres modeles.
Vous, qui formés de nouveaux nœuds,
Mérités de fixer ſur eux
Mes faveurs immortelles.
Éprouvés l'objet de vos feux.
L'éclat de mon flambeau ne bleſſe point les yeux
Des amants tendres & fidêles
Plus leurs épreuves ſont cruëlles,
Plus leur trïomphe eſt glorïeux.
L'Amour commande; allés: & rempliſſés mes vœux.

FIN DU PREMIER ACTE.

ACTE

ACTE SECOND.

Le Théâtre repréſente le Palais de Zaïs. Il eſt dans les airs.

SCENE PREMIERE.

ZAÏS, *en habit de Berger.*

CHarme des cœurs ambitïeux
Éclat, trop envïé, de la grandeur ſuprême,
Vous ne ſauriés remplir mes vœux.
Pourrai-je être aimé comme j'aime ?

Mes bienfaits font régner le bonheur en ces lieux :
Que me ſert-il, hélas ! de faire des heureux,
Si je ne puis l'être moi-même ?

Charmes des cœurs ambitïeux
Éclat, trop envïé, de la grandeur ſuprême ;
Vous ne ſauriés remplir mes vœux.

Amour, tu m'as flaté du ſeul bien où j'aſpire ;
Mais qu'il doit m'en coûter, hélas, pour l'obtenir !
Tu m'impôſes des loix, dont tu m'entends gémir ;
Soûtiens l'eſpoir qui vient me luire.
Et donne-moi la force d'obéir !

SCENE II.

ZAÏS, CINDOR, *des fleurs brillantes à la main.*

CINDOR.

ZÉlidie eſt tendre & fidele ;
Ne forcés point ſon cœur d'être inconſtant.
Pourquoi tenter une épreuve cruëlle ?
Le pâſſé vous répond du ſort qui vous attend.

ZAÏS.

Ne me rappelle plus des chagrins que j'oublie :
Parle-moi des plaiſirs que mon cœur veut prévoir.

Cindor, il eſt un terme aux revers de la vie;
Et le malheur finit où commence l'eſpoir.

CINDOR.

Un ſi frivole eſpoir devroit-il vous ſéduire ?

ZAÏS.

C'eſt l'Amour qui vient de m'inſtruire :
Il parloit à mon cœur, ſon oracle eſt ma loi.
Dans ces lieux les zéphirs vont porter Zélidie :
Cindor, pour éprouver ſa foi,
C'eſt à toi que je me confie ;
Mais parois, s'il ſe peut, auſſi tendre que moi.

CINDOR.

Notre tranquillité ſe fonde
Sur le bonheur préſent, & ſur l'art d'en jouïr.
Laiſſons dans une nuit profonde
Les plaiſirs & les maux que cache l'avenir.

ZAÏS.

A tes yeux elle va s'offrir :
D'un pouvoir enchanteur flate ſon eſpérance ;
Je le laiſſe en tes mains ; qu'il brille en ſa préſence.
Obſcurcis le ſoleil, fais renaître le jour ;
Joins à l'éclat de ma puiſſance

Le charme des plaisirs qui regne dans ma cour.
Ah! quel bonheur si sa constance
Pouvoit fixer sur nous les faveurs de l'amour!

A mes desirs que votre ardeur réponde,
Volés, Zéphirs, accourés à ma voix.
Que votre zele me seconde,
Peuples heureux, qui vivés sous mes loix.

(*Zaïs, disparoît; & dans le même moment les vapeurs legeres répandues dans le palais, laissent voir les groupes qui en font les ornements Le premier de ces groupes représente l'*Oracle*, le second* Zénéide*, le troisieme* Zirphé.)

SCENE III.

CINDOR, ZÉLIDIE, *portée par deux groupes de zéphirs.*

CINDOR.

VEnés, aimable Zélidie,
Venés embellir ce séjour.
Vous trïomphés du plus puissant Génie:
Enchaînés sur ses pas les plaisirs & l'Amour.

ZÉLIDIE.

Où suis-je ?.. Quel pouvoir suprême
M'a transportée en ces beaux lieux ?

CINDOR.

Daignés recevoir les vœux
D'un Immortel qui vous aime.

Sur les ailes des vents je traversois les airs,
Je vous vis; & je fus ébloui de vos charmes...

ZÉLIDIE.

O ciel!... quelles seront, cher Zaïs, tes allarmes!...

CINDOR

Oublïés un berger, indigne de vos fers.
De ce séjour brillant, ornements insensibles,
Images, du plaisir, animés-vous, vivés.
(*Les groupes de statues s'animent.*)
Célébrés dans vos jeux, sous des formes visibles,
Les douces loix que vous suivés.

SCENE IV.

ZÉLIDIE, CINDOR, SILPHES ET SILPHIDES *de la cour de* ZAÏS, STATUES ANIMÉES.

UNE *SILPHIDE, alternativement avec le CHŒUR.*

C'Est l'Amour qui veille
Au bonheur qui nous suit.
Chaque jour qui nous luit
En beauté surpasse la veille.
Le plaisir nous conseille,
Le penchant nous conduit.
C'est l'Amour qui veille
Au bonheur qui nous suit.

BALLET FIGURÉ.

(*Ce Ballet eſt formé par les groupes de Statues que* CINDOR *vient d'animer. Ces groupes peignent par leurs pas & par leur figures différentes, l'hiſtoire des Tableaux qu'ils repréſentoient avant d'être animés.*)

UNE SILPHIDE.

Un amant doit tout ſe promettre,
Lorſque ſon cœur peut nous ſoûmettre
Les vœux d'une brillante cour.

Qu'il eſt doux pour une âme tendre
D'avoir des grâces à répandre,
Et de les devoir à l'amour!

On danſe.

CINDOR, *à* ZÉLIDIE.

Tout ce que le Soleil éclaire
Sous mes ordres vient ſe ranger.
Ma grandeur me deviendra chere,
Si vous daignés la partager.

ZÉLIDIE.

Hélas! eſt-ce à moi de vous plaire?
Ai-je un cœur qui puiſſe changer?

Je ſuis une ſimple bergere;
Je ne dois aimer qu'un berger.

CINDOR.

De ma puiſſance ſouveraine
Voyés les effets éclatants.
Aquillons, rompés votre chaîne :
Que la foudre s'allume, & vole avec les vents.

CINDOR, avec LES CHŒURS.

Aquillons, rompés votre chaîne:
Que la foudre s'allume, & vole avec les vents.

CINDOR, ſeul.

Ma loi ſuprême les déchaîne.

(*Le fond du théâtre s'obſcurcit. Des nuages s'élévent rapidement dans la perſpective ; les éclairs partent du ſein de ces nuages, & la foudre s'élance du bas en haut en jèts de feu. Le tonnere gronde ſous cette partie du théâtre.*)

ZÉLIDIE.

Ciel, quels éclats ! quelle terreur ſoudaine !

CINDOR.

On ne connoît ici le trouble ni l'effroi ;
Ce n'eſt que ſous nos piés qu'éclate le tonnere.

ZÉLIDIE,

ZÉLIDIE.

Hélas ! je ne crains rien pour moi;
Mais mon amant est sur la terre.

CINDOR.

Vous craignés, il suffit; & vos vœux sont ma loi.
Zéphirs, calmés la terre & l'onde;
Qu'à la nuit succede un beau jour.
Oiseaux, dans une paix profonde,
Chantés Zélidie & l'amour.

CHŒUR.

Zéphirs, calmés la terre & l'onde; &c.

(Pendant ce Chœur, les nuages qu'on voyoit dans le fond se dissipent, & l'Orison devient parfaitement serein; on entend le chant des oiseaux.)

On danse.

CINDOR.

Pour les mortels les plus heureux
Il n'est point de jour sans nüage.
Nous rïons ici de l'orage
Qui ne se forme que pour eux.

On danse.

CINDOR, *avec* LE CHŒUR.

Pour les mortels les plus heureux
Il n'est point de jour sans nüage, &c.

SCENE V.

CINDOR, ZÉLIDIE.

CINDOR.

C'Eſt à la ſuprême grandeur,
Que par ma voix la gloire vous appelle.

ZÉLIDIE.

Suivre le penchant de mon cœur,
Fuir les charmes trompeurs d'une chaîne nouvelle,
Au berger, qui m'adore, être toûjours fidele,
Voilà ma gloire & mon bonheur.

CINDOR.

Cédés à mes ſoûpirs; tout vous rendra les armes:
Vos traits ſeront encor, s'il ſe peut, embellis.

ZÉLIDIE.

C'eſt aſſés de mes foibles charmes;
Je leur dois l'amour de Zaïs.

CINDOR.

Une fraîcheur toûjours nouvelle
Éterniſera vos appas;
Et je vais vous rendre immortelle.

ZÉLIDIE.

Qu'entens-je? o ciel!.. quelle peine cruëlle!
Zaïs pourroit mourir, & je ne mourrois pas!

CINDOR.

Connoiſſés un cœur qui vous aime,
Avant de l'accâbler de refus offençants.
Ne tentés point pour fuir des efforts impuiſſants;
Mais vivés en ces lieux, maîtreſſe de vous-même.

A qui ſe pare de ces fleurs
Rien ne ſauroit déſobéir, ou nuire:
Pour voir remplir ſes vœux, il ſuffit qu'on deſire.
De leur pouvoir éprouvés les douceurs;
Vous ſerés libre après de quitter cet empire.

(CINDOR donne à ZÉLIDIE les fleurs qu'il portoit & il ſe retire.)

SCENE VI.

ZÉLIDIE, seule.

O ciel! croirai-je ses discours!..
Quoi! je verrois remplir tous les vœux de mon âme!...
Le pouvoir de ces fleurs.... s'il éteignoit ma flâme!...
Je tremble!... non, Zaïs, je t'aimerai toûjours.
Contre le beau feu qui m'enflâme
La puissance suprême est un foible secours.

Ah! que ne peux-tu voir l'excès de mes allarmes!
Qu'elles prouvent bien mon amour!

J'aurois moins à gémir dans ce fatal séjour,
Si tu jouïssois de mes larmes.

SCENE III.

ZAÏS, *en Berger*, ZÉLIDIE.

ZÉLIDIE.

CIel! eſt-ce vous? en croirai-je mes yeux?..
On ne me flatoit point d'une eſpérance vaine.

ZAÏS.

Belle Zélidie, en ces lieux
Un pouvoir inconnu m'entraîne.
Je vous vois, & je ſuis heureux.

ZÉLIDIE.

Vous ignorés les maux dont le ſort nous accâble.
Jugés quelles ſont ſes rigueurs:
Je vous vois, je vous parle, & je verſe de pleurs.

ZAÏS.

Que dois-je craindre, o ciel?

ZÉLIDIE.

Un rival redoutable.
S'il vous ſurprenoit.. je frémis!..
Comptés ſur mon amour, & fuyés, cher Zaïs.

ZAÏS.

Moi vous fuïr !.. quel ordre funeste !

ZÉLIDIE.

Je tremble... éloignés-vous, Zaïs, de ce Palais...
Fuyés... * prenés ces fleurs, ne les quittés jamais.
Puissent-elles sauver le seul bien qui me reste !

*(* ZÉLIDIE donne à ZAÏS le bouquet enchanté, qu'elle a reçu de CINDOR, & elle l'entraîne hors du théâtre.)*

FIN DU SECOND ACTE.

ACTE TROISIEME.

Le Théâtre représente le Palais de ZAÏS.

SCENE PREMIERE.

CINDOR, ZAÏS, *en Berger, un bandeau de pierreries à la main.*

CINDOR.

VOUS êtes obéi. Par des allarmes vaines
J'ai troublé ſon eſprit, ſans fléchir ſes rigueurs.
Elle croit, qu'ébloui du pouvoir de ces fleurs,
Son berger forme d'autres chaînes;
Et lorſque tout aigrit ſes peines,
Elle adore l'ingrat qui fait coûler ſes pleurs.

ZAÏS.

Aux plaiſirs que je ſens, à ces tranſports flateurs
Je reconnois ma flâme, & le Dieu qui m'inſpire.
Vole, enchante mon cœur, eſpoir délicïeux !
Viens peindre à mes deſirs le bonheur où j'aſpire.
Sur l'objet de mes tendres feux
J'aurois toûjours le même empire !
Rien ne partageroit ſes vœux ;
Mon amour pourroit lui ſuffire !

Vole, enchante mon cœur, eſpoir délicïeux !
Viens peindre à mes deſirs le bonheur où j'aſpire.

CINDOR.

Qu'attendés-vous ? ſoyés heureux :
Pour vous aujourd'hui tout conſpire.

ZAÏS.

Ah ! mon bonheur dépend du plus tendre retour.
Un cœur fier quelquefois réſiſte au rang ſuprême,
Et céde ſans peine à l'amour....

Je veux voir Zélidie, & l'éprouver moi-même.
Par un charme puiſſant, à ſes yeux déſormais,
Ce bandeau merveilleux va m'offrir ſous tes traits.

CINDOR.

Ménagés un cœur qui vous aime,
Ou craignés de juſtes revers.

Quand on ſent le poids de ſes fers,
On goûte à les briſer une douceur extrême.

ZAÏS

Ses peines déchirent mon cœur.
Aimable & cher objet de la plus vive ardeur,
Pardonne-moi les pleurs que je te fais répandre.
L'amour t'offre, à ce prix, un trïomphe flateur,
Et la félicité de l'amant le plus tendre.

Naiſſés par mes enchantements,
Naiſſés, aimables fleurs, agréable verdure:
Que les tréſors de l'art & ceux de la nature
Cedent à mes commandements.

(*Le Théâtre change, & repréſente des Jardins.*)

Un charme va guider la beauté qui m'engage
Dans ces jardins délicïeux.
Sous mille traits riants, mes peuples, dans leurs jeux,
Vont lui peindre l'amour volage.
Puiſſe-t-il, comme à moi, lui paroître odïeux!

(*Ils ſortent.*)

SCENE II.

ZÉLIDIE, seule.

COûlés mes pleurs ; l'ingrat que j'aime
Trahit ma flâme & ses serments.

Cruël Amour ! dans les premiers moments,
De tes nœuds, le charme est extrême ;
Mais bien-tôt, pour changer leurs douceurs en tourments,
Tu te sers de nos bienfaits même.

Coûlés mes pleurs ; l'ingrat que j'aime
Trahit ma flâme & ses serments.

SCENE III.

ZÉLIDIE, *Chœur qu'on entend & qu'on ne voit point.*

CHŒUR, *derriere le Théâtre.*

Célébrons la victoire
D'un heureux berger :
Son cœur, au plaisir de changer,
Unit encor les charmes de la gloire.

ZÉLIDIE.

Cruël, dans ce fatal séjour
Tu perds le soûvenir de tes premieres chaînes !
Pourquoi ne puis-je, hélas ! t'oublïer à mon tour !
Ici tout redouble mes peines,
Et rien n'affoiblit mon amour.

SCENE IV.

ZÉLIDIE, SILPHES & SILPHIDES.

ENTRÉE DE SILPHES.

CHŒUR de SILPHES.

QUe Zaïs eſt heureux !
Une immortelle
Partage ſes feux.

ZÉLIDIE.

Quel tourment rigoureux !
Un infidele
Forme d'autres nœuds.

BALLET FIGURÉ.

(*Il peint la légéreté & l'inconſtance.*)

UNE SILPHIDE, alternativement avec le CHŒUR.

Aimons, jouïſſons de la vie ;
Mais ne portons que des fers gloriëux.
C'eſt la chaîne qui nous lie
Qui fixe ſur nous tous les yeux ;

Et, ſelon l'objet de nos feux,
L'amour eſt ſageſſe ou folie.
Aimons, jouïſſons de la vie;
Mais ne portons que des fers glorïeux.

On danſe.

UN SILPHE.

Dans vos feux prenés pour modele
Les volages zéphirs;
Varïés, comme eux, vos plaiſirs:
Volés de belle en belle.

On danſe.

ZÉLIDIE.

Leurs concerts & leurs jeux aigriſſent mes douleurs.

(Aux SILPHES.)

Ayés pitié de ma foibleſſe:
Vous déchirés un cœur, trop plein de ſa tendreſſe.
Souffrés qu'en liberté je pleure mes malheurs.

SCENE V.

ZAÏS, *revêtu d'un habit éclatant, & portant sur le front, le bandeau de pierreries qui le fait paroître sous les traits de* CINDOR.

ZÉLIDIE, *Cour de* ZAÏS.

ZAÏS, dans le fond du Théâtre.

QU'aux loix de Zélidie ici tout obéisse.
(*La Cour de* ZAÏS *disparoît.*)

SCENE VI.

ZAÏS, *cru* CINDOR, ZÉLIDIE.

ZÉLIDIE, sur le devant du Théâtre.

C'Est Cindor... quel nouveau supplice !

ZAÏS, cru CINDOR.

Cessés de soûpirer, quand vous pouvés punir :
Ne songés plus qu'à la vengeance.
Je viens, contre un ingrat qui vous ôse trahir,
Vous offrir toute ma puissance.

ZÉLIDIE.

Non, je n'implore point un pouvoir odïeux.
Que mon destin seroit affreux,
Si pour des jours si chers j'avois encor à craindre!
Ah! qu'il soit heureux,
Je serai moins à plaindre.

ZAÏS, cru CINDOR.

On croit aimer toûjours l'objet d'un premier choix,
Sa perte est un malheur extrême;
Mais bientôt le dépit, la fierté, l'amour même
S'arment contre un volage, & détruisent ses droits.

ZÉLIDIE.

Jugés si je l'aimois; je l'adore infidele.

ZAÏS, cru CINDOR.

L'amour à vos appas offre des nœuds plus doux:
Formés une chaîne nouvelle.
On doit sentir le prix d'une flâme immortelle,
Quand on sait aimer comme vous.

ZÉLIDIE.

Hélas! qu'une âme tendre
Est un cruël présent des Dieux!

Un penchant trop flateur, trop doux, pour s'en défendre,
L'expôſe à des maux rigoureux...
Il ſemble que le ſort ſe plaiſe à les répandre
Sur les cœurs dignes d'être heureux.
Hélas! qu'une âme tendre
Eſt un cruël préſent des dieux!

(à part le premier vers.) ZAÏS, *cru* CINDOR.

J'oppôſe à ſes regrèts une fermeté vaine...
Zélidie!.. eh c'eſt moi qui cauſe votre peine?
J'ai pu vous expôſer à ces vives douleurs!..

ZÉLIDIE.

Cruël Cindor! ſans vous... Mais quel charme m'entraîne!..
Contre lui vainement je cherche des rigueurs;
Mon cœur ſe refuſe à la haîne...
Et mes yeux, malgré moi, ſe rempliſſent de pleurs.

ZAÏS, *cru* CINDOR.

Qu'entends-je? je frémis! Cindor pourroit lui plaire!

ZÉLIDIE, *à part.*

D'où peut naître ce changement!..
D'un charme trop fatal je perce le miſtere.

Ici tout eſt enchantement. . .

(*à* ZAÏS, *cru* CINDOR.)

Par une illuſïon, ſans doute auſſi cruëlle,
Vous vous flatés d'entraîner mon amant. . .
Ah ! Zaïs n'eſt point infidele;
Vous nous trompés tous deux ; je n'en crois que mon cœur.
N'en crois point, à ton tour, une funeſte erreur,
Cher amant ! je te jure une ardeur éternelle.

ZAÏS.

Zélidie, arrêtés. . .

ZÉLIDIE.

Non, cruël, je te fuis ;
N'eſpere pas de me ſurprendre.
Oſe me faire voir Zaïs,
Ce n'eſt que devant lui que je pourrai t'entendre.

Elle ſort.

SCENE VII.

ZAÏS, seul.

AMour ! elle trïomphe, & tes vœux ſont remplis.
Fut-il jamais une amante ſi tendre !
Courons terminer ſes ennuis.

FIN DU TROISIEME ACTE.

ACTE QUATRIEME.

Le Théâtre représente le Palais de Z A Ï S.

SCENE PREMIERE.

ZAÏS, ZÉLIDIE.

(*ZAÏS a quitté le bandeau de pierreries qui le faisoit paroître sous les traits de* CINDOR.)

ZÉLIDIE.

QU'entends-je ? quoi, Zaïs, cette Cour immortelle....

ZAÏS.

Va faire son bonheur de prévenir vos vœux.

Vous régnés ſur mon cœur, vous régnerés ſur elle;
Oui, c'eſt l'amant le plus fidele
Que vous rendés le plus heureux.

ZÉLIDIE.

Cruël! vous avés pu douter de ma tendreſſe?

ZAÏS.

J'aſſûrois votre gloire, en éprouvant vos feux.
L'amour lui-même....

ZÉLIDIE.

Hélas!

ZAÏS.

Que votre crainte cèſſe.

ZÉLIDIE.

Avec cet éclat étranger
A mes yeux, eh! pourquoi ne pas toûjours paroître?
Ou pourquoi vous faire connoître
Après avoir ſu m'engager?
Mon cœur, glacé d'effroi, tremble devant un maître;
Et je vous adorois berger.

ZAÏS.

Devés-vous redouter l'éclat qui m'environne?
Ne ſuis-je pas pour vous l'amant le plus ſoûmis?

ZÉLIDIE.

Je ne voulois que le cœur de Zaïs ;
Et cet éclat fatal m'intimide & m'étonne.

Hélas ! dans ce cruël ſéjour,
Tout augmente ma déf ïance.
On y voit toûjours l'inconſtance
Voler à côté de l'amour.

ZAÏS.

Quoi, vous croyés ? . . .

ZÉLIDIE.

Zaïs, mon cœur ne ſauroit feindre ;
J'étois heureuſe, & je ne le ſuis plus.
Inquïete, tremblante, & ſans ôſer me plaindre,
Je pâſſerai mes jours, de trouble combatus,
Peut-être à vous pleurer, ou du-moins à vous craindre.

Zaïs, mon cœur ne ſauroit feindre ;
J'étois heureuſe, & je ne le ſuis plus.

ZAÏS.

Vous n'êtes point heureuſe ! . . eh ! comment puis-je l'être,
Si ce que j'aime ne l'eſt pas ? . .

Vous ne verriés Zaïs que comme un maître !
Ah ! mon cœur, à son tour, doit se faire connoître
Votre exemple m'éclaire, & je suivrai vos pas.

(Il prend l'anneau mistérieux, dans lequel réside toute la puissance des Génies.)

Appui de mon pouvoir suprême,
Anneau mistérïeux, & vous, pompeuse cour,
Je vous immole à mon amour :
Le véritable amour se suffit à lui-même.

(Zaïs rompt l'anneau. Le Ciel s'obscurcit. On entend un éclat de tonnerre, le Palais s'abîme, & le Théâtre représente un Desert.)

Ma chere Zélidie !

ZÉLIDIE.

Ah, Zaïs ! cher Zaïs !

ZAÏS.

Calmés l'effroi dont vos sens sont saisis.

ZÉLIDIE.

Hélas ! que venés-vous de faire ?

ZAÏS.

Le sacrifice le plus doux.

Je ne vivrai que pour vous plaire ;
Et j'aurai la douceur de mourir avec vous.

ZÉLIDIE.

Quoi ! pour l'heureuſe Zélidie
Vous renoncés au ſuprême pouvoir !
A vous adorer, à vous voir
Je pâſſerai tous les jours de ma vie.
Mais Zaïs, que de biens vous immolés pour moi !
C'eſt un deſert, une bergere
Que votre tendreſſe préfere
A la ſuperbe cour, où vous donniés la Loi.

ZAÏS.

Je vois ici tout ce que j'aime.
Rochers affreux, triſtes deſerts,
Vous devenés, aux yeux de mon amour extrême,
Le plus beau lieu de l'univers.

(*On entend un bruit éclatant.*)

ZAÏS.

Quel bruit trouble le ſilence
Qui regnoit dans ces deſerts ! ..

ZÉLIDIE.

Je tremble ! .. Cher amant vous êtes ſans défenſe.

(*Un nuage épais paroît dans le fond du Théâtre & le couvre.*)

ZAÏS, ZÉLIDIE.

Quel nüage obcurcit les airs !

ZAÏS.

Que vois-je ? je frémis ! le nüage s'avance.

ZÉLIDIE.

Votre amour, pour les Dieux, feroit-il une offenfe ?
Eh ! n'eft-ce pas affés des maux que j'ai foufferts ?

SCENE II.

Le nuage s'entr'ouvre. Oramasès, Roi des Génies, paroît fur un trône éclatant.

OROMASÈS, ZAÏS, ZÉLIDIE, &c.

ZAÏS.

O Ciel ! Oromasès, le fouverain Génie !

OROMASÈS.

La terre vous admire, & les Dieux font pour vous.
Je viens remplir les vœux du plus puiffant de tous.

L'amour

L'amour vous inſpiroit, l'amour vous juſtifie.
Zaïs, reprends tes droits ; toi, tendre Zélidie,
Sois immortelle, comme nous.
La mort doit reſpecter une ſi belle vie.

ZAÏS, ZÉLIDIE.

Je ne crains plus pour vous ; que mon ſort eſt heureux !

OROMASÈS.

Deſerts, diſparoiſſés ; que ces lieux s'embelliſſent.

(*Le Deſert diſparoît, & à ſa place on voit une Campagne agreable.*)

Peuples, de ces amants célébrés les beaux nœuds :
Que les mortels leur applaudiſſent ;
Qu'ils ſervent de modele aux Dieux.

(OROMASÈS *diſparoît.*)

SCENE III.

ZAÏS, ZÉLIDIE,

Cour de ZAÏS.

CHŒUR.

DE nos concerts que les airs retentiſſent.
Chantons, chantons de ſi beaux nœuds.
Que les mortels leur applaudiſſent ;
Qu'ils ſervent de modele aux Dieux !

On danſe.

ZAÏS.

Témoins de mes feux,
Accourés, bergers, en ces lieux.
Que ma tendreſſe éclate à vos yeux.

SCENE DERNIERE.

LES ACTEURS PRÉCÉDENTS, BERGERS & BERGERES, PASTRES & PASTOURELLES.

ZAÏS, *ZÉLIDIE.*

TÉmoins de mes feux,
C'est vous qui parés ces beaux lieux.
Que ma tendresse éclate à vos yeux.

(Ballet qui se forme entre les BERGERS *& les* PASTRES.)

On danse.

UN *SILPHE.*

Regne, amour, lance tes traits
Regne, regne à-jamais
Leur bonheur fait ta gloire;
Le prix de ta victoire
Est pour les cœurs que tu soumèts.

Regne, amour, &c.

(Une Contredanse generale finit l'Opera.)

FIN.

APPROBATION.

J'AI lu, par ordre de Monſeigneur le Chancelier, une réimpreſſion de *Zaïs*, *Ballet-Héroïque*. A Verſailles, ce 14 Avril 1761.

DE MONCRIF.

www.ingramcontent.com/pod-product-compliance
Lightning Source LLC
LaVergne TN
LVHW010004230826
846092LV00002B/648